I0889476

Příprava na manželství

Jak vybudovat zdravé základy pro šťastné manželství

PŘÍRUČKA ÚČASTNÍKA KURZU

Přineste si, prosím, tuto příručku na každé setkání kurzu.

Přeloženo z anglického originálu „The Marriage Preparation Course“.
Copyright © Alpha International
Alpha International, Holy Trinity Brompton, Brompton Road, London SW7 1JA
Velká Británie
Poprvé publikováno 2003

Vydalo Nakladatelství KMS, s. r. o.
Primátorská 41, 180 00 Praha 8
První vydání 2006
Druhé vydání 2012

Všechna práva českého překladu vyhrazena. Žádná část této knihy nesmí být bez písemného svolení vydavatele reprodukována nebo šířena v žádné elektronické ani mechanické podobě, do počítačové paměti či do informačních sítí nebo vyhledávacích systémů bez písemného povolení držitele autorských práv nebo jeho výslovně pověřeného zástupce.

Biblické citace jsou převzaty z ekumenického překladu (Česká biblická společnost, 1985).

Přeložil: RNDr. Jan Frolík, CSc.
Jazyková redakce: Ing. Miloš Poborský, Ing. arch. Tomáš Dittrich
Obálka: HTB Publications
Sazba: Lenka Kodlová

Tisk: Omikron Praha, Doudova 154/22, Praha 4-Podolí

ISBN 978-80-86449-84-5

Obsah

Poznámky

Alvin Toffler, známý sociolog, napsal, že dnešní lidé mají „mentalitu zahazování". Nejen, že zahazují výrobky na jedno použití, ale zahazují i přátele; a právě tato mentalita způsobuje, že zahazují i manželství.

1. VEČER

Komunikace

Význam přípravy na manželství

- **Vědět o vzájemných odlišnostech**
  - osobnost
  - rodinné zázemí
  - očekávání

- **Vědět o tlacích v manželství**
  - přechod od nezávislosti ke vzájemné závislosti
  - rozhodování, jak trávit čas
  - reakce na tlak

- **Poznat, v čem spočívá šťastné manželství**
  - potřeba závazku
  - „mentalita zahazování – v ČR se rozvádí přes 50 % manželství

- **Učíme se potřebným dovednostem**
  - účinná komunikace
  - řešení konfliktů
  - rozpoznání citových potřeb
  - budování přátelství
  - vytváření sexuálního vztahu
  - vymezení rolí

Poznámky

Učíme se komunikovat

- **Komunikace zahrnuje účinné vyjadřování a účinné naslouchání**

- **Naše komunikace je ovlivněna**

  (i) naší osobností
    - extrovert nebo introvert
    - logický nebo intuitivní

Cvičení: Jak komunikujeme

Během dvou minut si navzájem řekněte, jak si myslíte, že osobnost toho druhého ovlivňuje jeho způsob komunikace.

Poznámky

(ii) rodinným zázemím

- některé rodiny ventilují neshody okamžitě, jinde to vyžaduje čas
- někdo je tichý, někdo hlasitější
- někdo je prchlivý, někdo rozvážnější
- někteří mluví jeden po druhém, jiní si často skáčí do řeči

(iii) okolnostmi

- práce
- děti
- tlaky uvnitř našeho vztahu i zvenku

- **Překážky účinné komunikace**

(i) nedostatek času

- vyhraďte si čas, který se hodí vám oběma, na smysluplnou konverzaci
- rozpoznejte, kdy všeho nechat a naslouchat

Cvičení: Rodinný styl komunikace

Doplňte následující cvičení každý sám a pak si o tom spolu popovídejte. Označte na úsečce znakem „x" místo mezi dvěma extrémy, kam si myslíte, že patří vaše rodina.

Obecně vzato, komunikace v naší rodině byla:

nepřímá	přímá
nejasná	konkrétní
uvolněná	napjatá
nekonfrontační	konfrontační
uzavřená	otevřená
hlasitá	tichá
žertovná	vážná

Jak ovlivnil způsob komunikace v rodině, kde jste vyrůstal(a), způsob vaší současné komunikace? Jak se to liší od způsobu komunikace v rodině vašeho snoubence / vaší snoubenky?

Poznámky

(ii) nedokážeme mluvit o svých pocitech

- pozor, abyste nemluvili jenom o každodenních všedních věcech (nebezpečí roste s délkou manželství)
- snažte se mluvit o svých pocitech
- řekněte jeden druhému, je-li pro vás obtížné o pocitech mluvit
- najděte odvahu důvěřovat jeden druhému a začněte si odhalovat své pocity (můžete se snadno cítit zranitelní)
- v žádném případě jeden druhého nesuďte

(iii) překonejme ublížení a hněv

- řekněte jeden druhému, když jste naštvaní a proč
- omlouvejte se a odpouštějte

Cvičení: Kvalitní rozhovor

Zeptejte se svého snoubence / své snoubenky, jak obtížné nebo snadné je pro něj / pro ni mluvit o svých skrytých myšlenkách, postojích a pocitech. Zjistěte, jestli byl(a) během své výchovy povzbuzován(a), aby mluvil(a) o svých pocitech.

(iv) nedokážeme naslouchat jeden druhému

- naslouchání něco stojí
- vyžaduje to úsilí a trpělivost
- rozpoznejme a překonejme špatné návyky: přerušování, odbočování a udílení rad
- procvičujme naslouchání
- odhalme, co je pro našeho snoubence / naši snoubenku důležité, a umožněme mu / jí, aby o svých obavách mluvil(a)
- účinné naslouchání znamená dát stranou své vlastní problémy a vidět svět očima druhého

Poznámky

Cvičení: Účinné naslouchání

1. Požádejte svého snoubence / svou snoubenku, aby vám řekl(a) o něčem, co ho / ji znepokojuje. Pozorně naslouchejte.

2. Zopakujte, co řekl(a), zejména o svých pocitech, abyste ukázal(a), že jste dobře porozuměl(a). (Pokud jste neporozuměl(a), váš snoubenec / vaše snoubenka by vám to měl(a) zopakovat.)

3. Potom se zeptejte „Co tě na té věci, o níž jsi mluvil(a), nejvíc znepokojuje?"

4. Znovu zopakujte, co řekl(a).

5. Potom se zeptejte „Je něco, co bys s tím mohl(a) udělat (nebo, je-li to vhodné: Co bys rád(a), abych udělal(a) nebo abychom oba společně udělali)?"

6. Znovu zopakujte, co řekl(a).

7. Nakonec se zeptejte „Je ještě něco, co bys chtěl(a) říci?"

Potom si vyměňte role.

1. VEČER – DOMÁCÍ CVIČENÍ

Napište odpovědi na následující otázky a potom se o nich pobavte se svým snoubencem / svou snoubenkou.

1. Jste dobrý posluchač?

   Ohodnoťte svou schopnost naslouchat body od 1 do 10 (10 je nejlepší hodnocení):

   1 2 3 4 5 6 7 8 9 10

2. Jak byste ohodnotil(a) svého snoubence / svou snoubenku?

   1 2 3 4 5 6 7 8 9 10

3. Kdy jste si nejlépe popovídali o svých nejhlubších myšlenkách a pocitech? Jaká doba a jaké místo jsou podle vás nejvhodnější pro dobrou konverzaci?

4. Jaká byla nejméně vhodná doba a nejhorší místo pro účinnou komunikaci? Umíte říci proč?

5. Doplňte konec následující věty: Zjistil jsem, že je pro mne snadnější být k tobě otevřený(á) a přístupný(á), když ty

Toto cvičení je zpracováno podle ‚Looking up the Aisle?', Dave a Joyce Ames (Mission to Marriage, 1994)

Poznámky

2. VEČER

Závazek

Proč manželství?

Trendy v naší společnosti vedou k rozpadu manželství

- konzumní společnost
- individualismus

Novodobý průzkum ukazuje přínosy stabilního manželství pro jednotlivce i pro společnost.
Manželství zůstává jádrem Božího plánu pro společnost.

Biblický pohled: *„Proto opustí muž svého otce i matku a přilne ke své ženě a stanou se jedním tělem.“*
1. Mojžíšova 2,24

Boží záměr pro společnost:

- manželství naplňuje naši potřebu přátelství – *„Není dobré, aby člověk byl sám.“*
  1. Mojžíšova 2,18
- manželství je základem rodinného života – *„...jako muže a ženu je stvořil. A Bůh jim požehnal a řekl jim: ‚Ploďte se a množte se a naplňte zemi.‘“*
  1. Mojžíšova 1,27–28

Cvičení: Přínosy manželství

Prodiskutujte spolu, jaká je podle vašeho názoru úloha manželství ve společnosti. Proč byste chtěli upřednostnit manželství před soužitím?

Manželský slib

- poblouznění versus trvalá láska
- rozdíl mezi smlouvou a dohodou
- *„Setkají se milosrdenství a věrnost…“* Žalm 85,11
- váš manželský slib – „Ano, budu“
- závazek / důvěra / zranitelnost

Poznámky

Cvičení: Manželský slib

Přečtěte si spolu manželský slib a rozhodněte, která věta je pro vás nejdůležitější. Vysvětlete svému snoubenci / své snoubence, proč.
(Viz Příloha III)

Poznámky

Život ve vzájemném závazku

• Společně strávený čas

- proklamované hodnoty a skutečné hodnoty
- uveďte je do praxe – díky plánování

• Několik návrhů, jak zajistit čas spolu

- každý den buďte v kontaktu
- jednou týdně „rande" / čas pro manželství

  Plánujte (poznamenejte si to do diáře)

  Dejte času spolu přednost (před jinými nároky na váš čas)

  Čas spolu chraňte (před přerušováním, telefony, televizí, prací, jinými lidmi)
- kontrola / zhodnocení uplynulého období každé tři až čtyři měsíce
- dovolená
- minilíbánky každý rok

Když do svého manželství
INVESTUJETE ČAS,
BUDUJE TO INTIMITU.

Cvičení: Plánování společného času

Prodiskutujte, jak a kdy budete trávit společný čas, abyste investovali do svého manželství (denně / týdně / ročně).

Poznamenejte si své plány:

- ______________________________
- ______________________________
- ______________________________
- ______________________________

Změna sounáležitosti

- **Opouštění**
  - nový zdroj důstojnosti – fyzické i duševní
  - koho chcete potěšit?
  - rozhodujte se sami
  - vzájemně se podporujte

- **Úcta k rodičům**
  - prokazujte vděčnost
  - udržujte kontakt

Poznámky

„Pokud se manželé dohodli na společných postojích a svorně je oba uplatňují, pokusy o zneužití a manipulaci vždy selžou. Ale jakákoliv slabina, jakákoliv skulina v jednotě manželů umožní rodičům vrazit mezi ně klín.“ *David Mace*

Poznámky

- při telefonování buďte opatrní
- chovejte se k nim odpovědně, ale nebuďte jim odpovědní

- **Uspořádání svatby**
  - hodně náročné!
  - počítejte se silnými emocemi
  - naslouchejte pozorně
  - buďte připraveni ke kompromisům

Cvičení: Rodiče a rodiče partnera

Prodiskutujte spolu:
Dá se předvídat, že některá z níže uvedených oblastí by se mohla stát zdrojem napětí ze strany
rodičů / rodičů partnera?

1. Dovolená
2. Vánoce
3. Peníze
4. Zasahování do manželství
5. Četnost návštěv
6. Délka telefonátů
7. Změna sounáležitosti
8. Jiné ....

Jak by se to dalo řešit?

Čas strávený odděleně

Ke zdravému manželství patří rovnováha mezi časem stráveným společně a časem stráveným odděleně.

- **Čas strávený odděleně**
  - dovoluje věnovat se zájmům, které nemáme společné

- vyžaduje oboustrannou dohodu a souhlas
- přináší do manželství nové zájmy a příběhy
- obnovuje naši touhu být zase spolu

Poznámky

2. VEČER – DOMÁCÍ CVIČENÍ

Čas strávený odděleně

Napište jakékoliv své osobní zájmy, o kterých očekáváte, že je budete provozovat bez svého snoubence / své snoubenky:

1. __________________________________
2. __________________________________
3. __________________________________

Jak často to bude a kolik času to zabere?

1. __________________________________
2. __________________________________
3. __________________________________

Prosím, obraťte

Napište jakékoliv osobní zájmy, u kterých počítáte s tím, že je bude váš snoubenec / vaše snoubenka provozovat bez vás:

1. ______________________________

2. ______________________________

3. ______________________________

Jak často to bude a kolik času to zabere?

1. ______________________________

2. ______________________________

3. ______________________________

Teď své odpovědi porovnejte a prodiskutujte je.

3. VEČER

Řešení konfliktů

Očekávání konfliktu

- jsme rozdílní
- všichni se přirozeně staráme především o sebe
- vzdali jsme se své nezávislosti

Ovládání hněvu

- hněv je nevyhnutelný
- hněv dáváme najevo různým způsobem (nosorožci a ježci)
- hněvivý výbuch ničí vztah
- skrývání hněvu je zničující

Přijímejme své odlišnosti

- usilujme o dohodu
- nečekejme, že jeden druhého změníme
- hledejme, jak se navzájem doplňovat
- hledejme navzájem své silné stránky
- pomáhejme si navzájem tam, kde jsme slabí

Poznámky

Cvičení: Rozpoznejte své odlišnosti

U každé oblasti označte, čemu dává přednost váš snoubenec / vaše snoubenka a čemu vy.
(viz příklad: N = Nicky, S = Sila).

Cvičení vyplňte samostatně. Pak si příručky vyměňte.
Prodiskutujte, jak se vaše odlišnosti ve vašem vztahu mohou doplňovat.

Příklad:

Peníze	utrácet	**S** ______ **N**	šetřit
Dochvilnost	chodit s předstihem	**S** ______ **N**	chodit na poslední chvíli

Oblasti:

Peníze	utrácet	______	šetřit
Dovolená	dobrodružství	______	odpočinek
Lidé	trávit čas s lidmi	______	trávit čas sám
Spánek	chodit spát pozdě	______	vstávat brzy
Pořádek	všude udržovat pořádek a vše mít pod kontrolou	______	být v pohodě a žít v nepořádku
Neshody	do krve se pohádat	______	udržet mír
Televize	mít stále zapnutou	______	vyhodit ji

Odpočinek	někam si vyrazit	________	zůstat doma
Dochvilnost	chodit s předstihem	________	chodit na poslední chvíli
Plánování	plánovat a plány dodržovat	________	být spontánní a nechat věcem volný průběh
Organizace	organizovaný	________	chaotický
Rozhodování	spontánní	________	opatrné
Příbuzní	časté kontakty	________	řídké kontakty
Přátelé	mnoho přátel	________	pár dobrých přátel
Hudba	rád poslouchá stále	________	jen někdy
Mluvení	mnohomluvný	________	mlčenlivý
Změny	má změny rád	________	změny odmítá
Iniciativa	je rád iniciativní	________	raději reaguje na nápady ostatních

Poznámky

Hledání řešení konfliktu

Hledejte společné řešení. Vyhněte se vzájemnému napadání, kapitulaci nebo smlouvání.

- napadání je soběstředné
- vzdát se je zaměřeno na druhého
- smlouvání je soběstředné
- hledání řešení se zaměřuje na oba účastníky konfliktu

Vezměte předmět sporu, který je mezi vámi, a dejte jej před sebe, abyste na něm mohli společně pracovat.

Šest kroků k účinnému řešení konfliktu

(i) stiskněte tlačítko „pauza“

- je teď ta správná chvíle? („pravidlo desáté hodiny“)
- jsme na správném místě?

(ii) vyjádřete, v čem je problém

(iii) diskutujte o problému, vyhněte se vzájemnému obviňování

- vyhněte se zobecňování (nálepkování), jako např. „ty nikdy…“, „ty vždycky…“

- vyjadřujte vlastní stanoviska, jako např. „cítím se podceňován, když…“

(iv) naslouchejte jeden druhému

- vyjadřujte svůj pohled na věc jeden po druhém

(v) zformulujte možná řešení (je-li třeba, napište jejich seznam)

(vi) rozhodněte, které řešení je pro váš vztah nejlepší (je-li to nutné, vraťte se k problému a řešení revidujte).

Poznámky

Cvičení: Uplatnění šesti kroků v praxi

Jako pár prodiskutujte:

- Jaké způsoby řešení (nebo jaká selhání při řešení) konfliktů jste viděli v manželství svých rodičů?
- Co každému z vás pomůže stisknout tlačítko „pauza“?
- Který ze „šesti kroků k účinnému řešení konfliktu“ je pro každého z vás nejdůležitější?

Poznámky

Organizace financí

- sdílejte všechno
- vyhraďte si čas na diskusi o financích
- rozpoznejte své rozdílné přístupy k penězům (máte sklon spíš k šetření, nebo k utrácení?)
- mluvte otevřeně o svých pocitech
- odhalte svou skutečnou finanční situaci
- spočítejte svůj společný příjem
- spočítejte / odhadněte své výdaje
- sestavte rozpočet (prodiskutujte rovnováhu mezi spotřebou, úsporami a dary)
- dbejte na to, abyste moc neutráceli (pozor na kreditní karty)
- prodiskutujte způsob splacení všech dluhů, které jeden nebo druhý z vás má
- rozhodněte, kdo bude řídit finance
- vybudujte dynamické partnerství

(Viz také: Kniha o manželství, příloha 3: „Vytvoření rozpočtu“)

Cvičení: Prodiskutujte své finance

Každý doplňte své odpovědi na následující otázky a potom spolu prodiskutujte, co jste napsali.

1. Popište svůj postoj k nakupování (zaškrtněte platné odpovědi):

zdroj radosti
baví mě prohlížet si výlohy
rád(a) nakupuji dárky
občas používám nakupování jako únik
jsem spontánní, někdy utrácím zbytečně
kupuji jen to, co je potřeba
záleží na tom, co kupuji, kde a kdy
vyhýbám se nakupování, jak jen to jde

2. Bojíte se, že byste mohli zůstat bez peněz? ano ❑ ne ❑

3. Budete mít společný bankovní účet? ano ❑ ne ❑

4. Budete si udržovat oddělené účty? ano ❑ ne ❑

5. Jaký budete mít dohodnutý poměr mezi spotřebou, úsporami a dary?

____

6. Budete vytvářet rozpočet? ano ❑ ne ❑

7. Dokážete udržet nákupy přes kreditní kartu pod kontrolou? ano ❑ ne ❑

8. Máte dluh? ano ❑ ne ❑

jestliže ano, kolik? ____________________

Prodiskutujte plán, jak dluhy splatit.

9. Kolik by mohl každý z vás utratit bez porady s druhým? ____________________

10. Kdo bude řídit vaše finance? oba společně ❑ manžel ❑ manželka ❑

Poznámky

Odpuštění v praxi

- ublížení je nevyhnutelné
- buďte ochotní říct „promiň" jako první
- odpuštění je v manželství jeden z nejmocnějších nástrojů uzdravení
- odpuštění NENÍ
  - zapomenout, že k ublížení došlo
  - předstírat, že se nic nestalo
  - nečelit špatnému a zraňujícímu chování svého manžela nebo manželky
- odpuštění JE
  - čelit ublížení, které se nám stalo
  - rozpoznat emoce s ním spojené
  - rozhodnout se to svému manželovi nebo manželce nezazlívat
- odpuštění je především rozhodnutí, ne pocit
- k obnově pocitů dojde po odpuštění
- odpuštění řeší hněv a vztek – i když můžeme ještě pociťovat bolest, dokud nedojde k úplnému uzdravení
- odpuštění je proces – často je třeba odpouštět znovu a znovu (někdy každodenně)

- proud odpuštění – měli bychom odpouštět z vděčnosti nad odpuštěním, kterého se dostalo nám

„Snášejte se navzájem a odpouštějte si, má-li kdo něco proti druhému. Jako Pán odpustil vám, odpouštějte i vy."

Koloským 3,13

„Láska nepočítá křivdy."

1. Korintským 13,5

Poznámky

3. VEČER – DOMÁCÍ CVIČENÍ

Dohodněte si spolu vhodný čas a místo, kdy spolu prodiskutujete jednu důležitou věc, která mezi vámi vyvolává neshody.

1. Definujte problém, o kterém budete diskutovat. ______________________

____

2. Jak každý z vás na tento problém reagoval v minulosti?

já ____

ty ____

Prosím, obraťte

3. Oba napište, jaké jsou vaše největší obavy, týkající se daného problému.

moje ______________________________

tvoje ______________________________

Prodiskutujte, co každý z vás napsal. Mluvte jeden po druhém a vzájemně si pozorně naslouchejte – bez obviňování a kritizování.

4. Sepište možná řešení tak, jak vás právě napadají (brainstorming) – žádné řešení v této chvíli nevylučujte:

i) ______________________________

ii) ______________________________

iii) ______________________________

iv) ______________________________

5. Prodiskutujte navržená řešení a zjistěte, které by vám vyhovovalo nejlépe.

6. Toto řešení vyzkoušejte.
   Pokud se řešení neosvědčí, vraťte se k seznamu možných řešení a vyzkoušejte jiné.

4. VEČER

Aby se láska neztratila

Rozvíjení přátelství

- chraňte vzájemnou důvěru
  - žádná tajemství
- pravidelně si spolu povídejte
  - čas jídla je důležitý
- bavte se společně
  - společné zážitky upevňují vztahy a podporují konverzaci

Poznámky

Cvičení: Rozvíjení přátelství

Napište seznam činností, které teď rádi společně provozujete. Jak byste mohli zajistit, abyste je spolu dělali i po pěti letech svého manželství?

-
-
-
-
-
-

Poznámky

Poznáváme potřeby partnera

- učte se rozpoznat, kdy se každý z vás cítí milován
- pět způsobů, jak projevovat a zakoušet lásku:

  (i) Slova ujištění

  (ii) Pozornost

  (iii) Přijímání darů

  (iv) Fyzický kontakt

  (v) Skutky služby

(Převzato z vynikající knihy *Garyho Chapmana Pět jazyků lásky*)

- vyjadřujeme jimi lásku podobně, jako když mluvíme
- jeden z nich sděluje druhému lásku účinněji než ostatní
- je často jiný u našeho snoubence / naší snoubenky a jiný u nás
- obvykle se snažíme sdělovat lásku způsobem, kterému sami rozumíme a kterým bychom ji chtěli přijímat
- zjistěte, které způsoby vyjádření lásky jsou nejdůležitější pro vašeho snoubence / vaši snoubenku
- používejte je v praxi

Cvičení: Zjistěte, co způsobuje, že se každý z vás cítí milován

Uveďte šest konkrétních situací, ve kterých jste si byl(a) obzvláště dobře vědom(a) lásky vaší snoubenky / vašeho snoubence k vám.

Uvědomoval(a) jsem si tvou lásku ke mně, když:

1. ____
2. ____
3. ____
4. ____
5. ____
6. ____

S ohledem na těchto šest příkladů se pokuste seřadit pět způsobů vyjádření lásky podle toho, jak jsou pro vás důležité. Potom odhadněte a zapište, jaké je pořadí jejich důležitosti pro vašeho snoubence / vaši snoubenku. Až to oba dokončíte, ukažte si navzájem, co jste zapsali.

Moje pořadí čísla 1–5 (1 = nejdůležitější)	Vyjádření lásky	Tvoje pořadí čísla 1 5 (1 = nejdůležitější)
☐	**Slova ujištění**	☐
☐	**Pozornost**	☐
☐	**Dárky**	☐
☐	**Fyzický kontakt**	☐
☐	**Skutky služby**	☐

Poznámky

„*Důvěra je jednou za základních podmínek dobrého sexuálního života. Když si dva lidé vzájemně důvěřují, mohou radostně prožívat vzájemné odevzdávání se a přijímání. Kdyby ale jeden druhého zneužíval, vznikne napětí.*“

(Alan Storkey, Marriage And Its Modern Crisis)

Budování fyzické blízkosti

Sex

- **komunikace na nejhlubší úrovni naší osobnosti**
- **nádherná a neoddělitelná součást manželství**
- **dán pro radost, ne jen kvůli dětem**
- **destruktivní, je-li mimo závazný vztah**
- **vyjádření lásky v rámci manželského závazku**
- **znamená odevzdání se jeden druhému**

Cvičení: Sex a odpovědnost

Prodiskutujte a dohodněte si své vlastní hranice před svatbou.

„*Nebuďte a nezburcujte lásku, dokud nebude chtít sama.*“

Píseň písní 2,7; 3,5; 8,4

Jak vybudovat sexuální vztah

Základy dobrého sexu

- naše kultura dává o sexu zkreslenou představu
  - důsledek naší konzumní společnosti
  - často mimo kontext manželství
  - všichni jsme těmito postoji ovlivněni
- Boží pravda o sexu je jiná
  - rostoucí důvěrnost v rámci celoživotního vztahu manželské oddanosti

- sex nemůže být izolován

- sexuální důvěrnost ovlivňuje každou oblast manželství a každá jiná oblast manželství ovlivňuje ji

- neměli bychom používat sex jako náhradu za řešení problémů

- neměli bychom používat sex jako manipulativní zbraň

- sex není jen poleva na dortu, ale klíčová součást dortu samotného

Rozhovor o sexu

- rozdíly mezi mužskou a ženskou sexualitou

- je důležité o tom mluvit

  - jinak bude vše záviset na pouhých domněnkách!

- je obtížné o tom mluvit

  - protože je to hluboce soukromé a může to zraňovat

- velkou pomocí je smysl pro humor

- mluvte o své svatební cestě

Poznámky

Poznámky

Překonávání problémů

- menší část sexuálních problémů může být důsledkem dřívějšího sexuálního traumatu a zneužití

  - vyhledejte pomoc

  - Bůh může vše obnovit, uzdravit, nebo nově vytvořit

- mnoho problémů je způsobeno:

  - nízkou sebeúctou a nedostatečnou péčí - tělesný zevnějšek

  - únavou

  - různou mírou touhy

- problémy, které páry mají, bývají většinou zcela obvyklé

  - problém neskrývejte

  - mluvte o tom spolu

  - přečtěte si nějakou knihu

  - je-li to nutné, vyhledejte pomoc

- problémy ještě neznamenají selhání

- budete-li se jimi zabývat, povede to ke zlepšení

Jak zacházet s dřívějšími sexuálními zážitky

- s vinou, žárlivostí nebo zraněním z dřívějšího vztahu se musíme vypořádat
- řešení pomocí rozhovoru / odpuštění / modliteb
- každý manželský vztah musí být založen na upřímnosti a důvěře
- uzavřete dřívější vztahy
  - může to znamenat zničení dopisů, deníků, fotografií

Antikoncepce a děti

- obojí prodiskutujte před svatbou!
  - dojděte ke společnému rozhodnutí
- děti mění charakter manželského vztahu
- přečtěte si nějakou křesťanskou knihu o antikoncepci (viz Příloha V), promluvte si se svým lékařem

Těšte se na budoucnost

- každé manželství je jedinečné
- nesrovnávejte se s ostatními

Poznámky

Cvičení: Rozhovor o sexu

Povídejte si o čemkoliv z tohoto večera, co je pro vás důležité pro vybudování dobrého sexuálního vztahu.

4. VEČER – DOMÁCÍ CVIČENÍ

Rozhodování

(Toto cvičení vám pomůže připravit se na 5. večer)

Do levého sloupce zapište, kdo o čem rozhodoval v manželství vašich rodičů (nevlastních rodičů) v procentech jejich vlivu na rozhodnutí (např. 50:50 nebo 70:30 nebo 90:10 atd.)

Potom v pravém sloupci zapište svá očekávání pro své vlastní manželství.

Prodiskutujte, co jste oba zapsali. (Pokud jste vyrostli jen s jedním rodičem, vyplňte pouze pravý sloupec).

Moji rodiče otec : matka	Rozhodnutí	Naše manželství manžel : manželka
:	výběr nového auta	:
:	kde bydlet	:
:	výběr nábytku	:
:	výběr nádobí	:
:	výběr vlastního oblečení	:
:	kam na dovolenou	:
:	jak vymalovat byt	:
:	výběr obrazů	:
:	jak vychovávat děti	:
:	volba televizních programů	:
:	výběr jídla	:
:	kolik mít dětí	:
:	volba manželova povolání	:
:	volba manželčina povolání	:
:	jak nakládat s penězi	:

5. VEČER

Sdílené cíle a hodnoty

Poslání manželství

Pro manžele

- jeden druhému vytvořit prostor, aby každý mohl využít svých Bohem daných obdarování a schopností

- vzájemná úcta

- manželství nemůže naplnit všechny naše potřeby

- nerealistická očekávání nás zavedou na cestu po sestupné spirále

- můžeme nepřiměřeně reagovat kvůli tomu, jak jsme byli jako děti vychováni

Poznámky

Poznámky

- vzájemným odevzdáním partnerů se manželství stává uzdravujícím vztahem
- navzájem se povzbuzují
- pravidelně si navzájem vyslovují uznání

Cvičení: Vyjádření uznání

Napište seznam silných stránek a předností svého snoubence / své snoubenky, které na něm / na ní nejvíc obdivujete:

1. ___
2. ___
3. ___
4. ___
5. ___
6. ___
7. ___
8. ___

Potom si navzájem přečtěte, co napsal ten druhý.

Pro ostatní lidi

- mějte pro své manželství vizi

Pro děti

- zvažte, zda není třeba, aby se jim jeden rodič věnoval na plný úvazek

Ujasnění společných hodnot

- různé osobnosti se stejnými základními hodnotami
- hodnoty ovlivňují chování
- vytyčení společných cílů
- seřazení společných priorit podle důležitosti

Vytvoření rovnoprávného partnerství

- určení kdo o čem rozhoduje
- odevzdat se jeden druhému *(viz Příloha II)*
- vztah mezi mužem a ženou

(i) v čem se lišíme

- rození dětí
- sféry vlivu
- fyzická síla

Poznámky

Cvičení: Život v souladu s našimi hodnotami

Každý vyberte pět hodnot, které jsou pro vás nejdůležitější, a seřaďte je podle důležitosti.

Potom ke každé z nich doplňte, jak byste ji chtěli v budoucnu naplňovat svým životem.
(Níže uvedený seznam příkladů můžete využít jako vodítko, ale nenechte se jím omezovat.)
Až skončíte, porovnejte a prodiskutujte spolu, co jste každý napsali.

Příklady hodnot: *zdraví; tvořivost; manželský vztah; sport; dovolená / zaměstnání; dobré správcovství (peněz a majetku); zapojení se do společenských aktivit v okolí místa bydliště, dobrodružství; zábava; pohostinnost; přátelství; péče o životní prostředí; péče o děti; další vzdělávání; duchovnost / vztah s Bohem; širší rodina; štědrost; církevní aktivity.*

Příklady, jak můžete plánovat naplnění hodnoty:

- Duchovnost: snažit se spolu každý den za sebe modlit.
- Vztahy v manželství: vyhradit si každý týden čas pro společnou zábavu.

Hodnoty:

1. ____________ : ______________________________

2. ____________ : ______________________________

3. ____________ : ______________________________

4. ____________ : ______________________________

5. ____________ : ______________________________

(ii) v čem jsme stejní

- odlišní od ostatního stvoření
  (1. Mojžíšova 1,27)

- stejné postavení
  (1. Mojžíšova 1,28)

- stejné morální požadavky

- stejná svoboda a omezení
  v manželské sexualitě
  (1. Korintským 7,4–5)

(iii) v čem se doplňujeme

- hodíme se k sobě

- jeden druhého něčím naplňujeme

- nemůžeme být na sobě nezávislí
  (1. Korintským 11,11–12)

(iv) svazek

- spolu jako obraz Boha
  (1. Mojžíšova 1,27)

- v manželství se stáváme „jedním
  tělem“ *(1. Mojžíšova 2,24)*

- spojeni v lásce

• vyjasnění rolí v manželství

- využití našich obdarování
  a zkušeností

- převzetí odpovědnosti

- převzetí iniciativy místo snahy
  druhého ovládnout

Poznámky

Cvičení: Role a odpovědnosti

1. Každý napište až šest oblastí, ve kterých očekáváte, že za ně převezmete odpovědnost: např. domácí práce, úklid koupelny, vynášení odpadků, vaření, placení účtů, organizace dovolené, žehlení, děkovné dopisy, řízení auta, navigace podle mapy, drobné domácí opravy, zajištění peněz na obživu, péče o zahradu, pojištění, nákupy...

1. ____________________ 2. ____________________

3. ____________________ 4. ____________________

5. ____________________ 6. ____________________

2. Každý napište až šest oblastí, ve kterých očekáváte, že za ně převezme odpovědnost váš snoubenec / vaše snoubenka:

1. ____________________ 2. ____________________

3. ____________________ 4. ____________________

5. ____________________ 6. ____________________

3. Každý napište až šest oblastí, ve kterých očekáváte, že za ně budete odpovídat společně:

1. ____________________ 2. ____________________

3. ____________________ 4. ____________________

5. ____________________ 6. ____________________

4. Až skončíte, porovnejte své seznamy.

5. Ve které z těchto oblastí očekáváte, že ve vašem manželství vedoucí úlohu převezme váš partner?

Budování duchovní jednoty

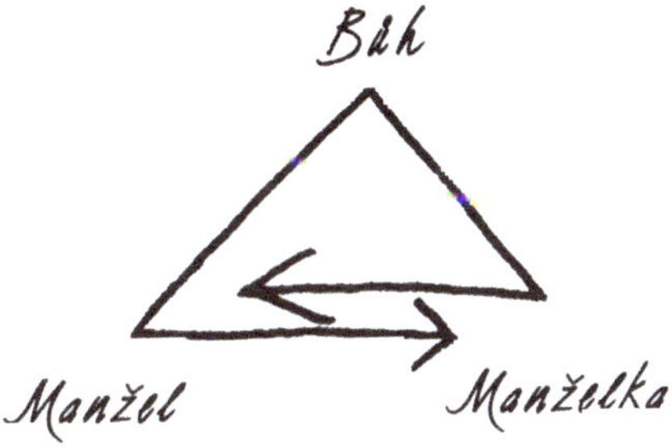

Být blíže Bohu znamená být si blíže vzájemně.

Protože dostáváme od Boha, snáze dáváme jeden druhému.

Vzájemné společné modlitby mají moc a vytvářejí důvěrnost.

- pět až deset minut denně je účinnější než hodina měsíčně
- je to čas vzájemně se modlit za své osobní potřeby
- začínejme s děkováním
- naslouchejte a vzájemně reagujte na své žádosti
- buďte ochotní modlit se každý den za stejné věci
- modlitby mají být vertikální, ne horizontální nebo manipulativní
- nevzdávejte to – ani když budete mít malé děti

Poznámky

„Přepadnou-li jednoho, postaví se proti nim oba. A nit trojitá se teprv nepřetrhne."

Kazatel 4,12

Poznámky

• neurčujte hranice toho, co může udělat Bůh

Vzájemná modlitba za druhého o samotě je také mocnou a účinnou cestou ke změně v životech obou.

5. VEČER – DOMÁCÍ CVIČENÍ

Uvedení do praxe

Tři věci z kurzu Příprava na manželství, které si chci obzvláště zapamatovat a uplatňovat v praxi:

1. ______

2. ______

3. ______

Ukažte svému snoubenci / své snoubence, co jste napsal(a).

Teď se svého snoubence / své snoubenky zeptejte: „Co bys obzvláště rád(a), abych si z kurzu zapamatoval(a) a uplatňoval(a) v praxi?“ Poznamenejte si to:

1. ______

2. ______

3. ______

Příloha I: Jsme na manželství připraveni?

- **Test sdílení**
  Chci sdílet zbytek svého života se svým snoubencem / svou snoubenkou?

- **Test síly**
  Dodává mi naše láska energii a sílu, nebo mě vyčerpává?

- **Test úcty**
  Vážím si svého snoubence / své snoubenky?

- **Test návyků**
  Přijímám svého snoubence / svou snoubenku takového / takovou, jaký / jaká teď je (špatné návyky a vše ostatní)?

- **Test hádky**
  Jsme schopni přiznat své chyby, omluvit se a navzájem si odpustit?

- **Test zájmů**
  Máme společné zájmy jako základ pro přátelství?

- **Test času**
  Obstál náš vztah v různých obdobích a nejrůznějších situacích?

Tyto testy byly upraveny podle knihy Waltera Trobishe, I Married You (IVP 1973)

Pokud nedokážete odpovědět ANO na všechny výše uvedené otázky, doporučujeme, abyste prodiskutoval(a) své pocity s někým jiným než se svou snoubenkou / svým snoubencem.

Příloha II: Efezským 5,21–33

V poddanosti Kristu se podřizujte jedni druhým: ženy svým mužům jako Pánu, protože muž je hlavou ženy, jako Kristus je hlavou církve, těla, které spasil. Ale jako je církev podřízena Kristu, tak ženy mají být ve všem podřízeny svým mužům. Muži, milujte své ženy, jako si Kristus zamiloval církev a sám se za ni obětoval, aby ji posvětil a očistil křtem vody a slovem; tak si on sám připravil církev slavnou, bez poskvrny, vrásky a čehokoliv podobného, aby byla svatá a bezúhonná. Proto i muži mají milovat své ženy jako své vlastní tělo. Kdo miluje svou ženu, miluje sebe. Níkdo přece nemá v nenávisti své tělo, ale živí je a stará se o ně. Tak i Kristus pečuje o církev; vždyť jsme údy jeho těla. „Proto opustí muž otce i matku a připojí se k své manželce, a budou ti dva jedno tělo." Je to velké tajemství, které vztahuji na Krista a na církev. A tak i každý z vás bez výjimky ať miluje svou ženu jako sebe sama a žena ať má před mužem úctu.

1. Pozadím celé pasáže je: *„V poddanosti Kristu se podřizujte jedni druhým."* (Efezským 5,21). (Podřízení se je opakem panování nebo snahy o ovládání. Manželský vztah se má stát místem vzájemného odevzdávání se a hledání, jak si vzájemně sloužit a jak potřeby druhého postavit nad své vlastní.)

2. Porovnejte povinnosti manžela a manželky (víc je toho uvedeno o manželovi vzhledem k tehdejší převládající kultuře, kdy manžel měl nad svou domácností veškerá práva)
   - manželovy povinnosti: *„Muži, milujte své ženy, jako si Kristus zamiloval církev a sám sebe za ni obětoval... muži mají milovat své ženy jako své vlastní tělo."* (Efezským 5,25.28)
   - manželčiny povinnosti: *„Ženy, podřizujte se svým mužům, jako Pánu."* (Efezským 5,22)

3. Služebné vůdcovství znamená spíše převzít odpovědnost spíš než ponechat problém na jednom z manželů. Jde spíše o uplatnění iniciativy než o převzetí vlády.

4. Dejte přednost hledání Boží vůle před snahou vnutit druhému svou vlastní vůli: *„Zkoumejte, co se líbí Pánu... hleďte pochopit, co je vůle Páně."* (Efezským 5,10.17).

Příloha III: Manželský slib

Duchovní řekne ženichovi:

X, berete si Y za svou manželku? Budete ji milovat a utěšovat, vážit si jí a chránit ji? Vzdáte se kvůli ní všech ostatních žen a budete jí věrný, dokud budete oba živi?
Ženich odpoví:
Ano, budu.

Duchovní řekne nevěstě:

Y, berete si X za svého manžela? Budete ho milovat a utěšovat, vážit si ho a chránit ho? Vzdáte se kvůli němu všech ostatních mužů a budete mu věrná, dokud budete oba živi?
Nevěsta odpoví:
Ano, budu.

Duchovní může převzít nevěstu z rukou jejího otce.

Nevěsta a ženich se otočí čelem k sobě.

Ženich vezme nevěstinu pravou ruku do svých rukou a řekne:

Já, X, si tě, Y, beru za manželku,
abych tě od dnešního dne
v dobrém i zlém,
v bohatství i v chudobě,
v nemoci i ve zdraví,
miloval a pečoval o tebe,
dokud nás smrt nerozdělí,
podle svatého Božího zákona.
To ti slavnostně slibuji.

Nevěsta vezme ženichovu pravou ruku do svých rukou a řekne:

Já, Y, si tě, X, beru za manžela,
abych tě od dnešního dne
v dobrém i zlém,
v bohatství i v chudobě,
v nemoci i ve zdraví,
milovala a pečovala o tebe,
dokud nás smrt nerozdělí,
podle svatého Božího zákona.
To ti slavnostně slibuji.

Příloha IV: Biblické texty vhodné pro svatební obřad

Žalm 19; 84; 85; 91; 121; 139,1–18

Kazatel 4,9–12

Píseň písní 8,6–7

Izajáš 40,25–31

Jan 2,1–11

Jan 15,1–4; 9–17

1. Korintským 13,1–8a

Efezským 3,14–21

Efezským 5,21–33

Filipským 2,1–11

Koloským 3,12–17

1. list Janův 4,7–16

Příloha V: Doporučené knihy

***Gary Chapman:* Pět jazyků lásky**
(Návrat domů 2002)

Gary Chapman: The Other Side of Love: Handling Anger in a Godly Way
(Moody Press, 1999)

Willard F. Harley: His Needs, Her Needs
(Monarch Books, 1986)

Nicky a Sila Lee: The Marriage Book
(Alpha International, 2000)

Mike Mason: The Mystery of Marriage
(Triangle, 1997)

Rob Parsons:
Milovat proti všem předpokladům
(Návrat domů 2004)

Rob Parsons: Sixty Minute Marriage
(Hodder&Stoughton, 1994)

Douglas Rosenau: A Celebration of Sex
(Thomas Nelson, 2002)

Ed a Gaye Wheatovi:
Tajemství milování.
(Návrat domů 2006)

Les a Leslie Parrotovi:
Zachraňte své manželství
(Návrat domů 2004)

***Kevin Leman:* Sex začíná v kuchyni**
(Návrat domů 2004)

www.ingramcontent.com/pod-product-compliance
Lightning Source LLC
LaVergne TN
LVHW010747270826
846327LV00013B/91
* 9 7 8 8 0 8 6 4 4 9 8 4 5 *